LE SALON DE SAINT-QUENTIN

EXPOSITION
DE LA SOCIÉTÉ DES AMIS DES ARTS

ÉTUDES ET CRITIQUES

PAR

LOUIS ALBIN

Rédacteur en chef-gérant du GLANEUR

PRIX : 1 FR. 50

SAINT-QUENTIN
IMPRIMERIE DE LA SOCIÉTÉ ANONYME DU GLANEUR
1880

En rassemblant en volume les sept articles de critique parus dans le *Glaneur* sous ma signature, je n'ai fait que me conformer au désir que certains artistes — trop indulgents pour mon travail — ont bien voulu m'exprimer. Si ces études ont, entre autres défauts, celui d'avoir été écrites *currente calamo*, elles ont au moins cette qualité, la seule d'ailleurs que je revendique pour elles, la sincérité. J'ai pu me tromper dans telle et telle de mes appréciations, n'étant pas assez pape pour être infaillible, mais je me suis trompé de bonne foi.

A la Société des *Amis des Arts* de Saint-Quentin, je dédie ces pages modestes et la prie de voir dans cette dédicace un témoignage de mon ardente sympathie pour son œuvre.

Louis ALBIN,

Rédacteur en chef-gérant du Glaneur de Saint-Quentin.

LE SALON SAINT-QUENTINOIS

EXPOSITION DES AMIS DES ARTS

ETUDES ET CRITIQUES

Je n'ai pas vu les dernières expositions de l'intéressante société; le point de comparaison me manque donc. Mais si je ne puis établir que ce Salon est, pour telles et telles raisons, supérieur aux salons d'antan, il est bien permis à mon sentiment artistique de le juger pour sa valeur propre, c'est-à-dire de prendre un artiste et son œuvre *aujourd'hui* en laissant de côté ses premiers pas, ses tâtonnements et ses essais. J'estime même que cette ignorance du passé de certains exposants, ne peut que donner plus de sûreté à mon jugement et plus d'impartialité à ma critique.

Sans autre préambule, je commence par les artistes de la ville et du département et, pour plus de facilité, je suivrai l'ordre numérique.

I

LES ARTISTES LOCAUX

M. Butin a envoyé, trop tard pour être inscrit au catalogue, un petit tableau. C'est une robuste tête de matelot ; vous savez, de ces têtes splendides de laideur dont l'expression est si puissante. La peau est brûlée par le soleil qui cuit, effritée par le hâle qui mord, ravagée par les baisers de l'autan, ces baisers qui sont des soufflets, mais que le loup de mer prend pour d'ineffables caresses. Les traits sont heurtés, convulsés, mais comme c'est beau ! Une rude « patte » M. Ulysse Butin, une « patte » géniale ! Maître, bravo !

Nos 12 et 13. — M. Antheaume (de Saint-Quentin) expose une œuvre enlevée d'une main correcte et sûre. C'est intitulé « *Tête du XVIe siècle* » et cela représente un gentil seigneur à collerette blanche. Un seul reproche (si toutefois c'en est un) : le type est trop classique, trop « poncif » et le visage, où brillent pourtant des yeux superbes, largement ouverts, ne dit absolument rien. Il manque à ce tableau ce petit « je ne sais quoi » qui est la vie. Le portrait de la blonde et jolie Mlle X... est charmant.

N° 49. — Il y a quelque chose, — il y a même beaucoup — dans « *l'Episode de la guerre de Vendée* » de M. A. Bligny (de Château-Thierry.) Les personnages sont bien pris, les types spirituellement saisis, mais en certains endroits, la peinture est un peu faible. L'auteur de cette toile n'est pas toutefois le premier venu. Son petit « *marchand d'images* » pour être beaucoup plus simple et viser moins à l'effet, nous plaît davantage.

N° 52. — L' « Ancienne carrière de sable » de M. A. Bonnefoi, (de l'École De Latour) est une œuvre... de promesses. La note est juste, mais la couleur manque de force. On doit recommander à l'artiste l'usage un peu plus fréquent du couteau à palette, outil presque indispensable de ce genre de tableaux.

N° 60. — Le *Moissonneur*, de M. Bougingamp (de Nauroy) est encore plus déplorable qu'il n'est immense. Tête de poupée sur un corps de géant. Anatomie de fantaisie. Couleur forcée. Mais le bonhomme est trop grand !... Je regarderai le reste demain.

Nos 99 et 100. — *Dessin perspective* de la maison de retraite de Chevresis-Monceaux (M. Charles Chérier, de Saint-Quentin). — Projet d'une orangerie (M. Joseph Chérier). Deux savantes études d'architecture pratique. Très-belle, la dernière.

N° 108. — Voici des « *Fleurs* ». Nous en trouverons beaucoup et nous ne nous en plaindrons pas. Celles de Madame Georgette Chollet Bruyant (de Saint-Quentin) sont fort délicatement peintes. L'artiste a, certes, un excellent goût, mais nous voudrions, comment dire ? moins de modestie dans la couleur. Si le coloris avait plus de vigueur, l'œuvre serait bien près d'être parfaite.

Nos 121, 22, 23, 24, 25. — Saluons ! M. Couturier (qui est presque de Saint-Quentin) est un maître. Le livret nous rappelle que cet éminent artiste a obtenu une médaille à l'exposition de 1855, un rappel de médaille en 1861 et qu'il a été déclaré « *hors concours* » à Paris. Le portrait de M. H.-S. est tout simplement admirable. Les chairs vivent, la force bat son plein, on sent courir le sang dans les artères et, sous l'enveloppement des étoffes, on devine ou plutôt on voit la musculature du corps. L'expression des yeux dont le rendu désespère toujours les artistes qui font de la peinture comme certains rimeurs, qui ne sont que des mécaniciens littéraires, font de la poésie, a été, ici, superbement fixée. Dessiner correctement est bien, avoir la science de la couleur est beau, mais combien sont rares les peintres qui peuvent, qui savent jeter sur un visage humain ce rayonnement intérieur de l'intelligence sans lequel il n'est pas ressemblance possible, quels que soient d'ailleurs la justesse des lignes et le fini des tons.

M. Couturier dont le talent s'il n'est pas « ondoyant » est certainement fort « divers » expose trois autres tableaux d'un genre tout-à-fait différent du premier : ce sont des basses-cours, des basses-cours très-peuplées. Ces œuvres attirent les connaisseurs qui, l'œil charmé, les contemplent longuement. Dans l'une (122) le coq, orgueilleusement campé sur ses ergots, observe son sérail, d'ailleurs fort alléchant, avec le regard olympien d'un sultan du Bosphore, tandis que les « cocottes » (je demande pardon aux poulettes de M. Couturier) coquettent et caquettent. Ce tableau est d'une fort nette clarté sur l'étincellement de laquelle la blancheur des poules, le pourpre du coq, le carmin et le jaune des faisans et des pintades, le vert des canards, piquent leurs notes délicieusement gaies. Journalistes, mes chers confrères, allons apprendre à l'école de M. Couturier : impossible de mieux faire le « canard. »

Dans le n° 124, il faut remarquer l'immense perspective que le talent du peintre a su indiquer dans une très-étroite échappée. Saluons, je le répète... et continuons notre route.

N°ˢ 134 et 135. — Nous arrivons aux pastels de M. Delvigne : un « *portrait de M*ᵐᵉ *D...* » et un « *portrait d'enfant*. » A l'ouverture du dernier salon de

Paris où avait été admis le portrait de Mme D...
(laissons sur cette œuvre le voile de l'anonyme dont
l'artiste l'a si délicatement couverte) nous avons déjà
dit ce que nous pensions du talent de notre jeune
concitoyen. Son portrait de femme est tout-à-fait
charmant ; il n'y avait d'ailleurs qu'à bien copier le
modèle et c'est ce que M. Delvigne a fait. Les reflets
du velours bleu ressortent très-nettement, et les
teintes roses et blanches du visage se fondent avec
une pureté remarquable sous une chevelure minutieusement traitée. Nous préférons de beaucoup le
n° 134 au n° 135, bien que ce dernier tableau ne
manque pas de mérite.

N°s 136 et 137. « *Deux éventails* » par Juan
del Zesco, un de nos sympathiques concitoyens
dont nous constatons le succès avec le plus
grand plaisir. « L'*Araignée* » (sur soie) est une
œuvre spirituellement comprise et fort délicatement
exécutée. Une « mangeuse d'hommes » — l'araignée — se tient, belle à ravir, au centre de la toile
où tous, boyards russes, officiers français, mad-
gyars hongrois, grands seigneurs espagnols, viennent, bêtement férus d'amour pour la froide et coquette Laïs, se faire prendre à son piège. Chapitre
important de la comédie humaine. « La « *Plage
normande* » (sur vélin) est d'une très-fine facture.

N° 138. — Le fusain de M. Deparis de (St-Quentin)
» *Portrait de Mme Delahaigue* » révèle chez son auteur de
solides qualités. Le *faire* est peut-être un peu dur,
les étoffes un peu sèches, mais l'impression produite
est bonne. Encore quelques efforts et l'élève de
notre école De Latour atteindra le but.

N°s 152, 153 et 154. — De ces trois toiles nous
préférons le portrait d'homme que Mlle Jeanne

Duboulan (un masque heureusement transparent) a fort consciencieusement traité. Cette petite tête est parfaitement réussie et comporte beaucoup plus de qualités dans ses proportions modestes, trop modestes même, que certaines grandes « machines » exposées. Les *Bonnes nouvelles* et la *Sainte Agnès* dénotent chez la jeune et charmante artiste une sérieuse intelligence artistique et une grande sûreté de main.

Et à propos de Mlle Duboulan, me sera-t-il permis de demander respectueusement si la plume émue, tendre et anonyme qui a écrit le joli volume que j'ai là sur ma table de travail « *A côté du bonheur* » n'appartient pas un peu à la famille. Mme d'Haussonville à qui on attribuait cette œuvre délicate, en a décliné la maternité. Est-ce que Mme ..... Duboulan (puisque Duboulan il y a) aurait le courage de renier son enfant, un enfant si adorablement mignon, si parfaitement constitué, si admirablement venu ? J'ai bien envie, par ma foi, de lever tous les voiles et de faire violence à la trop grande modestie de l'auteur... Mais non, ce serait une profanation. Le loup de velours et de dentelles qu'une femme met sur son visage doit être sacré pour tous, — GÉNÉRALEMENT parlant.

N°s 162 et 163. — Une « *faneuse* » et une « *glaneuse* » de M. Julien Dupré, de Nauroy, élève de MM. Laugée et Lehmann. Peinture sobre, correcte et forte.

N°s 165 et 166. — M. Duquenne a parfaitement réussi à rendre la tonalité du couchant dans son tableau le « *Soir* » que je préfère de beaucoup à l' « *Entrée de village* » bien que ce dernier possède de sérieuses qualités, surtout au point de vue du dessin.

N° 183. — M. Férarino (de Saint-Quentin). Le « *Portrait de ma petite nièce* » est une œuvre gentillette qui, sans viser à l'éclat, comporte à côté de certaines faiblesses de véritables perfections. Que M. Férarino continue à travailler ; il y a en lui l'étoffe d'un artiste.

N° 206. — *Bernard Palissy*. Très bon tableau. Les personnages sont bien dessinés, bien placés, les gestes bien indiqués et la facture fort savante. Nos compliments à l'auteur, M. Genaille, de Monceau-les-Leups ; qui est d'ailleurs un artiste d'une incontestable valeur.

N°s 218, 219, 220. — M. Grandin (de Chevresis-Monceau), nous montre deux natures mortes qui ne sont pas sans valeur. Dans la première (218) où l'on voit un pot de faïence égueulé, quelques vieux bouquins et une palette chargée, nous remarquons de sérieuses qualités, bien que le raccourci des livres du dernier plan soit à peu près manqué. La seconde (des poires dans un vieux plat) est d'une peinture trop sèche ; le portrait de Mme G. est assez agréablement traité.

N° 225. — *Hôtel-de-Ville de Saint-Quentin* par M. Guiller (de Saint-Quentin). Détails soigneusement exposés ; mais c'est du lavis d'architecte et non de la peinture. La reproduction du monument est d'ailleurs fort exacte.

N°s 232 et 233. — Incline-toi admirativement et respectueusement, ô ma plume, devant ces toiles splendides. Si tu ne veux pas obéir, si, en veine d'indépendance, tu essaies de critiquer, je t'écrase sur mon papier !

« Artiste, apportez-nous des roses
Le parfum des roses est doux. »

Madame Hachet-Souplet est une puissante créatrice. Ses fleurs sont vivantes ; elles ont l'éclat, elles ont la grâce, elles ont la *morbidezza* de leurs sœurs de nos jardins et je ne serais point surpris, tellement elles sont — ou paraissent — naturelles, qu'elles en eussent aussi le pénétrant parfum. *Pulchre, bene, recte !* C'est l'Art, le vrai, le grand, le pur, le beau ; l'art dans sa magnificence ineffable et dans son épanouissement sidéral. Ah ! les jolies et belles et superbes fleurs ! Et comme je comprends l'erreur de la pauvre abeille qu'elles avaient attirée !

Nos 241 et 242. — Parmi les paysagistes de ce Salon, M. Henriet (de Château-Thierry) est certainement un des premiers. « *La Marne à Mont-Saint-Père* » et *le Soir au Hameau*, sont deux toiles fort remarquables comme composition et comme exécution. La première a été acquise pour notre Musée.

N° 278. — La « *Jeune fille lisant* » de M. Désiré Laugée, est une toile ravissante, ce qui ne surprendra personne, la haute réputation du peintre étant, et depuis longtemps, solidement établie. Malgré l'effacement très bien trouvé du profil, la gracieuse mutinerie du fin visage se devine. Le peignoir de la belle enfant a intelligemment glissé... ce qui nous permet de contempler, le plus indiscrètement possible, une épaule ronde, blanche et appétissante en diable, une épaule qui appelle les lèvres comme la rose les papillons. « *Prairial* » est le titre du volume que la liseuse parcourt en souriant. Prairial, c'est-à-dire le Printemps, l'Espérance, l'Amour, la Poésie ! Car l'ouvrage doit être en vers ! Etonnez-vous donc après cela de l'émotion mystérieuse qui se peint sur le minois radieusement juvénile de la fillette. Dans son petit cadre, ce tableau est l'un des meilleurs du salon.

Nos 279 et 280. — Deux jolis dessins de Mlle L. Laugée. Noblesse oblige.

La *Vieille tricoteuse* est d'un fini surprenant. Il n'y a, dans le travail de Mlle Laugée, aucun subterfuge, qu'on me passe le mot, aucune « ficelle ». Tout est étudié soigneusement et non moins soigneusement rendu. Combien de tableaux surchargés de couleur n'ont point l'expression, la netteté de ce crayon ? La *Tête* d'étude est très savamment dessinée, j'allais dire brossée. Mlle Laugée est d'ailleurs l'élève de son père. Tout s'explique, n'est-ce pas ?

Nos 286, 287 et 288. M. Georges Lecoq (de Saint-Quentin) expose deux excellentes aquarelles. Celle intitulée « *Bords de la Seine* » me plait beaucoup. La correction y manque, mais la nature y est, ce qui vaut beaucoup mieux.

La *Vue d'Aiziers*, est une eau-forte puissamment traitée. Graveur, peintre, littérateur, poète, M. Georges Lecoq — Sarah Bernhardt en toge —, M. Georges Lecoq, mon collègue à la *Conférence de Picardie*, mon collègue au *Club Alpin*, mon confrère en journalisme, mon confrère en *Apollo*, veut-il donc cueillir toutes les palmes ? Et les autres, ô accapareur !

Nos 292 et 293. — Il y a des qualités dans le *Coin de ferme* de M. Lecreux (de Saint-Quentin), mais l'artiste est de taille, me semble-t-il, à faire œuvre plus sérieuse. C'est très-convenable, mais les difficultés n'ont pas dû coûter beaucoup d'efforts à surmonter. Le *Centenaire breton* est de beaucoup préférable et dénote chez M. Lecreux un indéniable talent.

Nos 294, 295 et 296. — M. Emile Le Cygne (de La

Fère) nous donne trois tableaux dont le meilleur est, sans contredit, celui qui représente Didier aux genoux de Marion Delorme. La pose de l'amoureux est très-naturelle, le mouvement bien indiqué, l'expression juste. Peut-être la teinte générale est-elle un peu poussée au sombre.

Je ne parlerai que pour mémoire de l'*Amour dompteur de bêtes féroces* et j'ajouterai que si le dessin et l'idée des *Démons de la guerre* sont louables, le coloris en est un peu trop chargé.

N°ˢ 298 et 299. — M. Lematte (de Saint-Quentin), expose une toile fort remarquable et fort remarquée. C'est l'*Attente*. Une jeune italienne, aux yeux longs comme ça et tout chargés de magnétiques effluves, au teint doré, à la taille élégante et robuste à la fois, attend, appuyée sur sa cruche... (Oh! le vilain mot et comme il jure avec la poésie répandue sur cette œuvre! Pardon!) Qu'attend-elle? Qui attend-elle? Question oiseuse! *Elle* attend *lui*, parbleu! Lui, c'est-à-dire un beau gars quelconque échappé à une toile de ce regretté Léopold Robert que M. Lematte qui a de la puissance et de la chaleur semble vouloir continuer. Les lointains sont bien un peu négligés, mais passons et voyons le *Projet de plafond pour une mairie* du même artiste.

Le sujet est intitulé *Epoque des Gaules* et se compose de quatre groupes : la *Naissance*, l'*Appel aux armes* (conscription, si l'on veut), le *Mariage* et la *Mort*. M. Lematte a réduit son projet à sa plus simple expression ; c'est un plafond vu par le gros bout de la lorgnette. Mais quelque exiguës que soient ses proportions, l'œuvre est d'un style magistral. Des quatre plans, deux surtout sont dignes d'attention : le premier et le second, la *Naissance* et l'*Appel aux* armes. Ce dernier, par sa verdeur d'allure et sa facture enfiévrée, m'a rappelé le magnifique et farouche bas-relief de Rude sur l'Arc-de-Triomphe de l'Etoile, à Paris. Si jamais M. Lematte est amené à développer son sujet sur l'échelle qu'il comporte et qu'il exige, je me promets de l'aller voir, car je ne doute pas que la beauté de l'exécution ne complète la beauté de l'idée.

N°s 305 et 306. — Deux frais paysages de notre très-sympathique concitoyen M. Jules Leroy. C'est l'*Etang d'Isle* et le *Pont de Rouvroy*. Mes préférences sont pour ce dernier qui est pourtant beaucoup moins important que l'autre. Mais la grandeur d'une toile ne fait pas sa valeur, et, s'il faut un exemple, je préfère et de beaucoup, la petite *Descente de croix* de Ribot, quelque lâchée qu'elle paraisse à ceux qui ont la naïveté de la regarder à la loupe, à d'autres compositions... au mètre. La « Vue près du Pont de Rouvroy » est bien traitée ; elle est *nature*. L'air y circule et la perspective est adroitement indiquée. L'*Etang d'Isle* ne manque pas de valeur ; je lui reprocherai seulement la minutie des détails ; mais l'espace s'allonge bien et c'est déjà beaucoup. M. J. Leroy a un autre tableau (non catalogué) : *Berthenicourt*. Un peu d'eau miroitante, quelques arbres, des gazons, une maisonnette... c'est tout... et c'est charmant. On éprouve une véritable sensation de fraîcheur — sans aller pourtant jusqu'à s'enrhumer. Les verts me paraissent d'une trop grande crudité, mais il se peut, après tout, que je fasse erreur. Il est des matinées mouillées où les arbres et les plantes prennent ces teintes brutalement accusées. N'oublions pas d'ajouter que *Berthenicourt* n'est qu'une étude, — une étude que beaucoup appelleraient un

tableau. Ceux-là n'auraient point tout-à-fait tort.
M. Leroy, cela se devine, à l'œil sûr et la main
ferme; il travaille facilement, trop facilement peut-
être, et la facilité en art, a quelquefois des inconvé-
nients... comme en littérature.

N° 309. — M. Leterre (de Saint-Quentin) n'a pas
été bien inspiré. Sa « peintresse » laisse beaucoup à
désirer. Le teint des chairs est littéralement cadavé-
rique et le dessin incorrect. Si l'artiste a voulu faire
un trois-quarts, il s'est trompé; s'il a voulu faire un
profil, il s'est trompé encore. A charge de revanche !

N° 311. — Ici, il faut admirer. C'est le *Pardon de
Ploumanac'h* de M. Lhermitte (de Mont-Saint-Père).
Voilà de l'art. Plus on contemple cette superbe toile,
plus on admire le talent de l'artiste. Nous avons été
heureux d'apprendre que le Musée en avait fait l'ac-
quisition. Des bretonnes vêtues de noir et coiffées
de blanc traversent la campagne portant sur leurs
épaules un saint, une vierge, une idole de bois doré
quelconque.

L'exécution est parfaite et je n'ai qu'à le reconnaître en complimentant M. Lhermitte. Sa toile le
place aux premiers rangs des exposants de cette
année.

N° 313. — Un lieutenant d'infanterie peint par
lui-même. M. Lombardeau (8e de ligne, Saint-Omer)
est allié à l'une des plus honorables familles de notre
ville; à ce titre, il a droit de prendre place parmi les
artistes locaux. On *sent* la ressemblance. La sagesse
des nations a dit : Connais-toi toi-même, et le miroir
du lieutenant lui a permis de suivre ce précepte.
Dessin ferme, peinture soignée. M. le lieutenant
Lombardeau a un joli brin de pinceau à son épée.

Nos 315, 316 et 317. — M. Louchard a une prédilection marquée — et qui ne s'explique guère — pour le paysage exotique. Si encore, il nous donnait quelque coin de ces superbes forêts vierges à la flore exubérante ! Mais non ! Ses paysages haïtiens sont maigres, maigres... Les brins d'herbe s'éparpillent parcimonieusement sur un sol multicolore et sur le fond d'azur du ciel se détachent des plumeaux qui, follement ambitieux, veulent être des arbres. Ils y réussissent... à peu près comme un journaliste réactionnaire réussit à tenir ses rares lecteurs éveillés. Je ne dis pas que M. Louchard manque de talent ! Loin de là et ses « Laveuses » démontrent bien *qu'il connait son affaire* — pour nous servir d'une expression triviale mais énergique. Je lui conseillerai seulement de choisir des sujets moins ingrats.

Nos 319, 20, 21, 22 et 23. — Qu'on explique cela comme on voudra, mais les simples dessins de Mlle Caroline Malézieux, faits d'un rien et qui traduisent sur le papier l'effet du rêve sur l'esprit ; — tant pis pour ceux qui ne me comprendront pas ! — vous *empoignent* presque douloureusement. Je défie qui que ce soit de regarder l'*Extase* sans éprouver une oppression, indéfinissable mais réelle. Qu'est-ce ? Rien, je l'ai dit. Rien en apparence, du moins. Une jeune femme, les yeux hauts, suit dans le vide sa pensée qui s'envole sur les ailes de l'illusion. Elle ne rêve pas d'amour, la pauvre, je l'affirme. Elle souffre, au contraire, de la trop grande tension de sa fibre prête à se rompre et... Mais que dis-je ! Si elle souffre, elle aime — et c'est parce qu'elle aime qu'elle souffre ? Qui aime-t-elle ? Un être humain ? Non ! L'amoureuse mystique, Sainte-Thérèse, devait être

2

ainsi. Il y a toujours de l'hystérie dans l'extase et la rigidité du masque de « *l'extasiée* » que nous montre Mlle Malézieux, indique éloquemment l'influence débilitante, atrophiante, exercée par l'esprit dévoyé de la vierge austère sur sa chair de vingt ans qui se révolte et frémit. L'acuité, l'expression, la puissance de ce regard de femme ne se peuvent indiquer par des mots. On éprouve le besoin de baisser les yeux devant cette pâle enfant. Sa prunelle est un astre dans l'irradiation blanche duquel il semble que l'on baigne soi-même son sentiment. Elle rayonne, cette tête illuminée de surnaturel ! C'est beau, beau, beau !

Et voyez la bizarrerie ! La même tête en peinture (*Fiction* : n° 319), produit un effet beaucoup moins *étreignant* (je ne trouve pas d'autre mot). C'est toujours bien fait, mais l'impression est plus effacée, plus banale. On redescend sur la terre après avoir plané dans l'infini. Si *l'Extase* et la Poésie, la *Fiction* est la Prose. J'aime mieux la Poésie et je suis heureux de la retrouver dans la blanche *Vestale*, très-élégamment dessinée. Quand j'aurai cité encore une *Chanteuse* et une *Etude* fort dextrement et finement traitées, je m'inclinerai devant le haut sentiment artistique de Mlle Caroline Malézieux et j'arriverai aux

Nos 324 et 325. — M. Marcelle (de l'Ecole De Latour) a envoyé à l'exposition une peinture sur faïence barbotine, grand feu, qui mérite d'être signalée aux connaisseurs. Ce sont des « *Fleurs des Champs* ». C'est simple et c'est joli au possible ; les difficultés de cette exécution spéciale ont été fort adroitement surmontées. Les *Fleurs cultivées* (sur toile) me plairaient de même si le vase qui les contient n'était pas de travers.

N° 348. — J'arrive à M. Mussault (de St-Quentin) qui a envoyé au Salon une toile de grandes proportions et d'exécution fort serrée. C'est « *Une fête de village dans le Nord* ». Aux sons d'un crincrin, des couples dansent avec conviction tandis que, en dehors du cercle des fervents de la déesse Terpsichore, des grands gars et des robustes filles *flirtent* énergiquement. Le vieux bonhomme assis — et rassis — qui, au premier plan, cause à une de ses contemporaines, doit lui raconter des choses fort drôles si j'en juge par la malice qui pétille dans ses yeux mi-clos et le sourire malin qui s'étale sur ses lèvres. Que dit-il ? « *Souvenez-vous en, souvenez-vous en !* » sans doute. Ce tableau a un cachet frappant de vérité et le dessin en est parfait. Deci delà, les personnages sont bien un peu guindés, les danseurs un peu raides dans leurs habits des dimanches, mais ce qui paraît être des défauts à l'observateur superficiel, me semble, au contraire, témoigner de la bonne foi de l'artiste. Il a peint ce qu'il a vu, tel qu'il l'a vu. L'atmosphère grisâtre des paysages du Nord, la teinte noire qui, dans certaines régions de ce pays de mines, estompe tous les objets, sont très-exactement rendues. M. Mussault n'a pas fait froid, il a fait *réel*.

Voilà du beau réalisme !

N° 351. — *Les Raisins* par Mme Marie Nicolas de Villers-Cotterêts. Une jeune femme cueille à une haute treille des raisins qu'elle distribue à deux bambins, ses enfants. C'est gentil sans prétention. Un seul reproche : trop soigné, trop « léché ».

N° 371. — Ce sont les chromo-lithographies de M. Pilloy (de St-Quentin) : *Antiquités*, instruments et bijoux divers trouvés dans les sépultures mérovingiennes. C'est dessiné avec minutie et la reproduction chromo-lithographique est d'une admirable pureté et d'un étonnant relief. On a l'illusion du vrai. Que dire de plus ?

Nos 372 et 373. — Deux toiles de M. Pinel (de Chauny). Il y a du bon... et du mauvais. Certaines parties sont bien traitées, mais l'étendue de mer que l'on voit dans la *Jetée de Quillebeuf* est mal peinte ; l'eau n'a pas cette lourde opacité. La réflection n'est pas correcte. Le *Point du Jour* laisse aussi fort à désirer. Rien n'y est d'aplomb.

N° 378. — Pastel. M. *Trois-Etoiles* par M. Charles Queuin (de St-Quentin). bon portrait, très-expressif. Facture un peu rêche pourtant. La redingote a trop de luisant et la chevelure gagnerait à être plus légèrement traitée. Mais le dessin et la couleur du visage méritent des éloges.

N° 388. — M. Rimette (de St-Quentin) *Nature morte*, tout ce qu'il y a de plus morte : un broc de terre, un pot à tabac, des allumettes et un verre. L'impression est satisfaisante, mais la note rousse domine trop. Par l'agencement qu'il a donné à son tableau, M. Rimette s'est trouvé dans l'obligation de jeter les reflets du broc sur le cristal du verre, ce qui donne au liquide une teinte pharmaceutique qui n'est rien mois qu'engageante. Le vrai, en peinture surtout, n'est pas toujours le beau.

M. Rimette a du talent et en choisissant des sujets moins ingrats, il peut certainement trouver le succès auquel il a le droit de prétendre.

Nos 401, 2, 3, 4, 5. — M. Schmidt (de St-Quentin) est un laborieux. Son envoi se compose de cinq toiles, — rien que cela ! Son étude de bœufs *Joli et Moulon* possède de grandes qualités. C'est bien là le lent et doux animal si bien chanté par Pierre Dupont. Comme ceux du poète, les bœufs de M. Schmidt sont « blancs, et marqués de roux ». La pose que l'artiste leur a donnée est bien prise : ils vont marcher. Peut-être pourrait-on trouver trop de régularité, trop de symétrie dans l'accouplement. Ces bœufs doivent être frères..., et frères siamois. Le tableau est bien éclairé, mais je désirerai plus de relief aux deux animaux, plus de soin dans l'exécution des fonds, et des ombres moins *encrées*. Au résumé, l'œuvre est bonne. La *Corbeille de pêches* est tout à fait réussie. Les fruits sont d'un velouté des plus appétissants. On mordrait dedans ! J'aime moins *Pêches et raisins* : les ombres y sont un peu maigres. Les *Roses* sont bien des roses et le *Canal du Châlet* est un fort joli paysage, plein de fraîcheur, de charme et de poésie. Nous le préférons même aux bœufs ! Est-ce que M. Schmidt cherche le secret de Corot ? Il y a dans son *Canal* des notes et des teintes délicieusement vaporeuses, indéfinies, qui rappellent le « faire » du maître tant regretté. Prise en bloc, l'exposition de M. Schmidt est digne de lui ; elle prouve que le talent à la fois très-sérieux et très-fin de l'artiste grandit chaque jour.

Nos 407 et 408. — Voici un très-bon pastel de M. Paul Seret (de Saint-Quentin). Le vieux paysan endimanché que ce jeune artiste a représenté est pris sur le vif. La finesse du sourire, le clignement des yeux, le rictus doucement ironique de la lèvre donnent à cette tête madrée une expression des plus remarquables. *La lecture du Koran* (sur toile) ne manque pas de mérite, mais les plis du burnous sont trop lourds, trop « solides ».

Nos 430, 31, 32 et 33. — M. Vignon (de Villers-

Cotterêts. Quatre tableaux. — M. Vignon semble chercher l'abstraction et il arrive à l'incompréhensible comme dans sa *Rue à Monbuisson* qui est un paysage violet... et une erreur énorme. Les trois autres œuvres sont de beaucoup meilleures. Je citerai le *Chemin dans l'île de Chatou* qui révèle de sérieuses dispositions.

Je vais clore la série des artistes de Saint-Quentin et du département par Mlle Jenny Zillhardt (de Saint-Quentin). *Finis coronat opus.* Et quelle plus ravissante couronne ! Mes lecteurs, grâce au système alphabétique et numérique, resteront ainsi, pour finir, sous une gracieuse impression.

Voici d'abord les *Deux amis.* Une jeune femme assise tient sur ses genoux et caresse doucement de la main quelque chose qui doit être un petit chien, mais qui pourrait être tout aussi bien un chat ou un boa de fourrure. A vrai dire, on ne sait pas. Bah ! c'est un détail et le dédaignant comme il convient, je m'empresse d'admirer le reste. Il y a de la puissance et de l'originalité dans la facture de cette toile et si certaines ombres nécessaires, mais négligées, ne me gâtaient un peu le bas du visage de la jeune et charmante maîtresse du toutou mignon, je ne serais pas éloigné de la trouver presque parfaite. En fin de compte, elle est délicieuse d'expression et, sous réserve des quelques critiques bien anodines que je viens d'émettre, — à regret, l'on peut m'en croire — très remarquable de dessin et de couleur, de couleur surtout. J'en dirai presque autant des Nos 445 et 446, *sur la Falaise* et *Sous bois.* J'aime beaucoup dans cette dernière œuvre la tête de la gente promeneuse. Une chevelure d'un blond de rêve lui fait une auréole de rayons qui, se détachant en douce lumière sur les fonds verts de l'épaisse feuillée, produit un effet de relief et de clarté saisissant.

Mlle Jenny Zillhardt a décidément une prédilection marquée pour les fleurs — et la chose est bien compréhensible ! Après les fleurs *humaines*, c'est-à-dire ses charmantes jeunes filles ou jeunes femmes des nos 444, 445 et 446, elle expose sous le no 447, des fleurs naturelles. Impossible de dire la délicatesse et la vérité de cette toile. Qu'un autre s'en charge. Moi, j'admire... et je me tais !

Il faut bien que je dise pourtant que... Voici l'aveu. Isolé dans le Salon, une mauvaise pensée m'est venue et, poussé par je ne sais quel démon, j'ai étendu la main pour cueillir une des fleurs de de Mlle Zillhardt. Oh ! je la vois encore, orgueilleuse et coquette dans sa magnifique robe aux couleurs aurorales. Heureusement, ou malheureusement, le gardien est survenu et le sentiment de la réalité m'est revenu. Je ne suis pourtant pas encore bien sûr que les fleurs de Mlle Zillhardt soient peintes.

Mais l'éminente artiste ne se contente pas de peindre. Son amour passionné du Beau la pousse à le saisir sous ses formes diverses et l'ardeur de son sentiment artistique l'invite à gravir tous les sommets. Laissant l'élégant pinceau pour le rude ébauchoir, Mlle Zillhardt a modelé un médaillon qui, sauf un léger manque de relief et quelques effacements de méplats est une œuvre d'un haut mérite. La ressemblance, en tout cas, est frappante. Et c'est le principal. Mes très-respectueux compliments.

Nous arrivons maintenant aux artistes étrangers.

II

LES ARTISTES ÉTRANGERS.

N° 5. — L'*Amazone* de Mlle Louise Abbema est une toile que la critique doit respecter. Respectons! Une jeune femme en costume de cheval s'est arrêtée pour boutonner son gant au milieu du perron qu'elle descendait. Adorable de sveltesse dans le fourreau qui dessine superbement ses superbes contours, elle relève d'un mouvement gracieux sa tête élégante et fine, et son visage aux lignes pures s'illumine d'un sourire dont on voudrait bien être le destinataire.

Le talent très-réel de Mlle Abbema se distingue par des allures primesautières qui ne plaisent pas à tout le monde, mais ses détracteurs les plus acharnés, obligés de reconnaître qu'elle dessine à ravir, ne la chicanent plus que sur la couleur. Je ne fais aucune difficulté d'avouer que certaines œuvres de l'originale artiste sont d'un coloris un peu fantaisiste, le *Déjeuner dans la serre*, par exemple, mais il faut bien dire que la tonalité de l'*Amazone* est tout autre. J'ai vu à Paris une exposition des œuvres de Louise Abbema et l'exclamation du critique Merson me revenait à l'esprit : « Si les femmes se mettent à peindre avec tant de crânerie, mon Dieu! comment faudra-t-il que peignent les hommes! » Il ne faut pas oublier que l'intime de Sarah Bernhardt ne fait de la peinture que depuis un temps relativement court ; c'est en 1870, si je ne m'abuse, qu'elle a pris le pinceau et il faut à un tempérament de cette puissance le temps de « jeter sa gourme. » La couleur devient de plus en plus correcte. L'*Amazone* de notre salon le prouve — et ce qui démontre que la très-sympathique artiste a raisonnablement coupé de l'eau de la science le vin pur et pétillant de son imagination, c'est ce que je ne vois nulle part dans l'*Amazone*, ce terrible « vert Abbema » qui éclata pour la première fois, au Salon de 1876, dans le fameux portrait de Sarah Bernhardt et pour la seconde fois, en 1878, dans celui, si beau, de Jeanne Samary. Il faut savoir gré à Abbema d'avoir enfermé dans une robe noire le corps splendide de sa cavalière. Naguère encore, elle l'eût habillée d' « espérance. »

La fine silhouette se détache très-nettement sur la clarté des fonds et le mouvement est bien indiqué ; la plastique se devine sous l'étoffe ; l'*Amazone* « a la ligne » enfin ! Je ne veux pas terminer sans dire que Louise Abbema a *presque* fait là son propre portrait. Joli modèle !!

Nos 8, 9 et 10. — Deux fusains du roi du fusain. J'ai nommé Allongé. Celui intitulé *Solitude* rend bien l'impression de l'isolement et du silence de la campagne. En le contemplant, on parle bas. L'*Armançon à Tonnerre* est aussi fort beau. Le *Printemps* est d'un style très-correct mais, à tort ou à raison, je préfère les fusains d'Allongé à sa peinture.

Nos 20, 21 et 22. — M. Bachereau a trois tableaux. Je donne la préférence à la *Galerie des glaces de Versailles*, le lendemain du 19 janvier 1871. Sous les lambris dorés de l'aristocratique demeure, sont étendus des grabats sanglants. Sur ces grabats, des soldats blessés, des agonisants, des morts. L'opposition est saisissante. La perspective qui présentait tant de difficultés a été très savamment saisie. Le jour entre bien par les larges baies et les attitudes

des personnages sont naturelles. Cette toile est à tous les points de vue fort remarquable.

N°ˢ 24 et 25. — *Déjeuner maigre et maigre déjeuner.* Peinture maigre et maigre peinture, répondrai-je à M. Baril. Je remarque un fromage qui ressemble à un morceau de bois placé sur une feuille de papier qui joue le zinc à la perfection. Le pain me paraît taillé dans la pierre. Il doit être rassis.

N° 29. — *La première note* de notre éminent et excellent Barrias (Ernest), le statuaire à qui les villes de Paris et de Saint-Quentin — deux cités vaillantes — ont confié, *après concours*, le soin de les représenter debout et armées devant l'envahisseur. Le bel enfant qui joue de la mandoline est un petit chef-d'œuvre, ne vous y trompez pas. Assis sur un coussin moelleux – oui, moelleux, je le vois bien… grâce au prodigieux talent de l'artiste — le gentil mélomane pince les cordes de l'instrument et, tendant l'oreille, paraît ravi. Bébé, nu comme un ver, écoute la zizique — et quelle zizique ! La zizique de Bébé. Les petits membres potelés du chérubin sont admirablement modelés : on sent la vie courir sous ce marbre « pur comme un cœur de vierge et blanc comme le lys » dont le grain, d'une finesse inouïe, donne l'illusion de l'épiderme. Sous le ciseau de Barrias, le Paros amolli, assoupli par le génie de l'artiste, se fait chair. Il palpite, vous dis-je !

N° 30. — Revenons à la peinture. Dans les *Joueurs d'osselets* de M. Barrias (Félix-Joseph), les types arabes sont bien pris, la couleur locale bien rendue, la tonalité chaude et claire. M. Barrias est d'ailleurs un artiste fort apprécié. Médaillé aux salons de 1847, de 1851 et de 1855, il a été décoré en 1859. C'était **justice.**

N° 33. — L'*Attaque du château de Champigny* de M. Beaumetz est digne d'attention, d'une attention d'autant plus grande, que cette toile est déplorablement placée. Autant qu'il m'a semblé, car le contre-jour ne m'a pas permis de l'examiner dans ses détails, il y a beaucoup d'allure et de mouvement dans cet épisode de 1870. Les soldats sont bien dessinés et l'officier qui se trouve au milieu de l'escalier est très-crânement campé.

N° 36. — *Des huîtres.* — Ce n'est rien et c'est beau. Il y a une très-grande dépense de talent et de talent sérieux dans cette petite toile de M. Bergeret.

Sous le n° 47, M. Biva expose un des meilleurs tableaux de *fleurs* du Salon. Les roses-thé surtout sont ravissantes.

Citons en passant les *Incroyables* de M. Bouchard d'un dessin très-pur et d'une couleur très-sûre et arrivons à M. John Lewis Brown, un maître. L'*Amazone demandant sa route* et le *Relai de poste* sont les deux toiles que je préfère sur les quatre qui composent l'envoi de cet artiste. *Le Souvenir de la Campagne de* 1871 est pourtant un effet de neige bien traité, mais les bonshommes sont trop lâchés, tandis que dans les deux premiers tableaux que je viens de citer, tout concourt à la perfection, sauf un chien par trop jaune ; mais peut-être s'appelle-t-il Ménélas !

N° 73. — Le *Montreur d'ours* de M. Brunet-Houard fait sensation. Les champs en damier du fond ne fuient pas assez et le chien est absolument en l'air, mais l'homme et les deux fauves sont irréprochables comme tout le premier plan.

Sous les numéros 75 et suivants jusqu'à 83 inclusivement, M. Félix Buhot, qui a obtenu une médaille de 3º classe au Salon de 1880, fait défiler sous nos yeux une magnifique série d'eaux-fortes parmi lesquelles je citerai comme parfaites surtout au point de vue des oppositions de lumière et d'ombre qui donnent à ce genre de reproductions tant de relief et de beauté : la *Matinée d'hiver*, la *Place Bréda*, la *Place Pigalle* et le *Soir* (d'après Corot). M. Buhot est certainement un de nos aqua-fortistes les plus distingués.

N° 92. — La *lisière d'une forêt* de M. Ceramano est d'une ampleur d'exécution qu'il est de mon devoir d'indiquer. Dédaigneux de la mièvrerie, l'artiste a montré la nature dans le plein épanouissement de sa force. C'est beau !

N° 112. — J'ai dit en annonçant l'ouverture de l'Exposition que la *République* de Clésinger avait été fort remarquée.

On ne peut contempler ce buste puissant sans éprouver un sentiment de respect. Pour un peu, on se découvrirait. Ah ! c'est bien là la République telle que je la rêve, telle que nous la rêvons tous, nous autres qui luttâmes jadis pour hâter son avènement libérateur et avons aujourd'hui l'immense joie d'assister à son apothéose. Portant droit et haut sa tête casquée, resplendissante de beauté austère, fixant l'avenir d'un œil fier et tranquille, le visage rayonnant d'une imposante sérénité, la *République* de Clésinger apparaît à nos yeux émerveillés dans tout l'éclat de sa majesté et dans tout le prestige de sa force. Le grand statuaire a donné un corps à notre pensée et une forme à notre sentiment. Remercions-le, républicains, mes frères, et saluons l'œuvre et l'artiste d'une enthousiaste acclamation.

N°s 113 et 114. — M. H. Coeylas expose un nu et

une nature morte. *Cyparisse* a des qualités, des qualités très-grandes, des qualités hors ligne même, mais l'anatomie du corps présente quelques incorrections. L'attache de la jambe gauche laisse à désirer, le raccourci de la jambe droite pourrait être mieux traité. Le torse et la tête sont, en revanche, fort bien exécutés, la tête surtout qui est magnifique d'expression douloureuse.

La couleur est parfaite ; les chairs sont vraies. Quand nous aurons dit que le paysage, largement brossé, a des échappées superbes de profondeur, et que la jumelle, le flacon, les fleurs, les vases, les étoffes clairvoyantes qui constituent la *Nature morte* de M. Coeylas, sont dessinés et peints à ravir, le lecteur se dira que cet artiste n'est pas le premier venu — et le lecteur aura raison.

N° 116. — Une des œuvres qui m'ont le plus charmé. Un « *Jeune page* » enfant aux yeux profonds, aux longs cheveux bouclés, vêtu d'une tunique de velours noir à crevés de satin rouge, considère gravement la lame d'acier toute rutilante d'éclairs bleuâtres d'une immense épée dressée devant lui. C'est joli et émouvant. On devine les pensées qui se forment dans cette pauvre petite tête adorable qui déjà rêve de bataille. L'éclat du regard du page lutte fièrement avec l'éclat glacial du glaive, et comme dit le poète :

Un jour, son œil le dit, sa pose le proclame,
Il saura le brandir pour défendre sa dame,

la blanche châtelaine à la lourde couronne de cheveux blonds qui enseignera au bel adolescent les doux mystères d'amour.

Charmant sujet, facture parfaite. Je n'ai aucune

critique à formuler et j'en suis bien aise. M. Coquelet a fait excellent.

Nos 118 et 119. — O Corot, vieux maître si bon et tant aimé ! O Corot, poète harmonieux des aurores éclatantes de perles ! O Corot, chantre inspiré des crépuscules attendris où naît la fleur du rêve, c'est hélas ! sur ta tombe à peine comblée que nous devons apporter aujourd'hui le tribut de notre admiration vive et sainte. La mort jalouse et sans pitié a osé frapper de sa faulx implacable ton front auréolé des rayons du génie et glacer ta main si légère et si puissante à la fois, mais elle nous reste ton œuvre sublime, doux et formidable poème écrit par ton pinceau, et nous te retrouvons vivant en elle, ô cher grand artiste disparu !

On ne détaille pas Corot ; on n'explique pas son faire ; la plume — ma plume profane — ne peut dire l'émotion qui étreint le cœur et la sensation que reçoit l'esprit devant les toiles du peintre des aubes délicieusement mouillées et des vesprées baignées dans l'étincellement du couchant. C'est la grande nature dans le charme inexprimable de son déshabillé. Donnons un souvenir à la mémoire du grand et bon Corot et saluons-le dans son immortalité.

Nos 137 et 140. — M. Desavary, d'Arras, est un artiste laborieux et consciencieux. J'ai déjà vu nombre de toiles de lui et presque toutes m'ont plu. Il y a certainement des imperfections dans le *Pont-de-Grès* et dans la *Promenade*, mais les qualités dominent et je suis heureux de le constater.

No 141. — Le *Semeur* de M. Destrem est une bonne petite toile. Le « *geste auguste du semeur* » qui jette la graine au sillon est parfaitement, robustement rendu.

N° 158. — Mlle *M. C.*, par M. Du Plessis. Très-bon portrait. La jolie fillette en élégante toilette noire se détache très-nettement sur le fond et semble prête à quitter son cadre d'or pour aller... aux Champs-Elysées faire des petits tas de sable. Le visage rose de l'enfant et les dentelles blanches de la parure tranchent lumineusement sur la note sombre générale. Mlle M. C., un ravissant baby, se présente de face et ses beaux yeux calmes mais un peu tristes semblent dire : « Regardez-moi ; je suis belle, je le sais, maman me l'a dit souvent, mon miroir me le dit toujours, mais j'ai du chagrin. » Elle est en deuil, la mignonnette !

N° 161. — Un beau « *Paysage* » de Jules Dupré, s. v. p. C'est tourmenté et magnifique. Le talent du maître éclate avec fracas dans cette toile où la science de la couleur apparaît dans sa plus vaillante plénitude.

N°s 167, 8 et 9. — La « *Jeune fille dans la campagne* » de M. Durrant qui me semble avoir largement profité des leçons du regretté Couture, possède de sérieuses qualités. J'en dirai autant pour les « *Fraises* » et le « *Dessous de bois* » du même artiste. L'impression est rendue avec beaucoup de justesse et la couleur plaît.

N°s 176 et 177. — « *le Titien* » et « *Michel-Ange* », deux belles mosaïques de M. Facchina. La difficulté est surmontée avec une science que j'ai plaisir à reconnaître.

N°s 184 et 185. — « *L'Auto-da-fé* » de M. Ferry a trouvé au Salon le succès qu'il mérite. Les personnages sont bien pris, la tonalité très-douce et la couleur savante. Fort spirituelle d'exécution, cette toile ! Je signale le *brûleur* du premier plan pour son impolitesse vis-à-vis du public et la jeune femme rose à l'éventail pour sa grâce mutine. « *Les Derniers moments de Hoche* » est un tableau dont l'exécution mérite aussi des éloges, bien qu'un peu roide et froide.

N° 186. — M. Flandrin, élève d'Ingres, a produit des œuvres admirables, mais je ne joindrai pas ses « *Terrassiers* » à la série.

N°s 190 et 191. — Deux jolies porcelaines de Mlle G. Frémont : « *Fleurs des blés* » et « *Marguerite* ». C'est fin et frais.

N° 193. — Les camées sur pierres fines de M. Fréville sont d'une délicatesse et d'une précision tout à fait remarquables.

N° 202. — Un bon tableau que les « *Familiers de Richelieu* » de M. Gélibert. La composition en est spirituelle et la couleur ne manque pas de brillant. L'homme rouge, à la fois fauve et félin, devait avoir, en effet, des amis comme ceux-ci. Qui se ressemble s'assemble et le goût du sang est quelquefois plus développé chez l'homme (voyez Richelieu, Bonaparte, etc.) que chez la bête.

Les aquarelles du même artiste sont d'une facture très-distinguée.

N° 209. — Les « *Chiens* » de M. A. de Gesne ont de la tournure et du « chien », mais je leur préfère — et de beaucoup — l' « *Hallali de Sanglier* » dans la forêt de Fontainebleau qui est un très-bon paysage d'hiver.

N° 210. — « *Mendiante italienne* ». Le coloris est riche, la tonalité est chaude, le dessin élégant, mais ce sujet a été si souvent traité qu'il en est devenu banal, j'allais dire « poncif. » Le mérite de l'exécution n'en reste pas moins entier.

Nos 211, 12, 13, 14, 15. — M. Gillet a le pinceau brillant. Ses peintures sur lave sont fines et douces. Je citerai entre autres le « *Sous bois* » et le « *Portrait d'homme* » d'après Van Dyck.

N° 224. — « *La plage de Villerville* » de M. Guillemet — qui n'en est plus à compter ses belles toiles — est digne du maître. Je n'en dirai pas plus... et c'est bien assez.

N° 225. — Voici une très-belle petite toile. C'est la « *Correction maternelle* » de M. Guillemin. C'est sobre de mouvement et de couleur, c'est vrai et c'est parfait...

N° 235. — Encore une toile d'intérieur. Sous le manteau de la vaste cheminée, au coin de l'âtre, la « *grand'mère* » cause doucement à sa petite-fille qui, l'écuelle à la main, attend respectueusement et... impatiemment la fin de la phrase pour finir son frugal repas. Beaucoup de simplicité, — presque de la modestie — et une grande correction de facture. C'est bon.

N° 236. — Le « *Coup de fusil.* » Ce tableau, d'ailleurs fort agréable comme exécution, fait peine à voir. Un chasseur — cette race est sans pitié — a osé tirer sur de pauvres bestioles emplumées qui viennent s'abattre, sanglantes, au sein des fleurs que leur chûte effeuille. Le sang, d'un rouge noir, fait un sinistre effet sur la note tendre des roses. Les plumes multicolores et les pétales parfumés s'enlèvent dans le froissement de la chûte et tourbillonnent légèrement, tandis que les mignons oiselets assassinés si méchamment râlent et meurent, et que les fleurs de la terre se penchent douloureusement sur l'agonie de ces fleurs de l'air. Elégante et savante la peinture de M. Hareux.

Nos 243 et 244. — « *Rêvant* ». A quoi rêve-t-elle, la jeune femme? Chut!! L'expression du sommeil est fort nettement rendue.

J'aime beaucoup le « *Passage difficile* » de M. Herbo. Un vieux clarinettiste, penché sur sa musique, cherche à déchiffrer et n'y réussit pas d'emblée, si j'en crois l'expression si comiquement tendue de sa physionomie. Le front plissé, le sourcil froncé, l'œil ardent, notre bonhomme recommence pour la vingtième fois le « passage difficile », sans pouvoir le traduire à la volonté de son oreille. C'est saisi sur nature; il vit, ce vieux mélomane... mais il est assez bizarrement assis, je trouve.

Nos 252 et 253. — Deux toiles algériennes « *Une Rue d'Alger* » et la « *Paresse* ». Je retrouve bien les types, les costumes et la chaude atmosphère de cette luxuriante France africaine vibrante de clartés, imprégnée de poésie et toujours adorée de ceux qui l'ont connue — et de ceux-là je suis. Dans ces deux petits tableaux de M. Huysmans, la vérité du « *rendu* » le dispute à la netteté du « *fini* ». Peut-être même est-ce trop *fini*.

No 254. — Des cinq toiles exposées par M. Iwill, la meilleure est celle-ci : *la Seine aux Andelys* (premiers jours d'automne). L'air y circule bien. L'eau du fleuve aux reflets d'acier coule véritablement et la perspective est fort bien indiquée.

No 259. — Une œuvre riante à voir c'est la *Consultation* de M. Jacomin. La scène se passe vers le XVIe siècle. Une jeune femme s'est aventurée dans le laboratoire d'un astrologue. Curieuse comme une fille d'Eve qu'elle est, elle veut savoir l'avenir. Elle est sceptique pourtant, si j'en crois le fin sourire qui voltige sur sa lèvre rose et malgré ses cornues et tout l'attirail terrifiant du métier, le devin, quelque Nostradamus de pacotille, vous a un air rabelaisien qui n'est pas bien effrayant. Les personnages sont lestement campés, les détails — et il y en a ! — minutieusement traités.... et l'ensemble un peu criard.

N° 260. — Une « femme mauresque » de M. Jundt (hors concours 1880). Debout, dans sa robuste sveltesse, c'est bien là la mauresque au teint doré par les brûlants rayons du soleil africain, aux longs cils soyeux voilant à moitié les yeux longs, profonds et chargés d'énervantes langueurs, au corps ondoyant et souple comme une liane. Très-belle toile.

N° 262. — « *Douleur* » de Mme Lacazette. Bien dessinée et très-expressive la tête de cette jeune désolée, mais le mouvement est un peu théâtral.

N° 266. — « *Erigone*, » par M. Landelle. Du talent, du talent et encore du talent.

N°s 269, 70, 71 et 72. — Quatre petits, petits tableautins presque invisibles à l'œil nu et peints avec humour, sans grand souci du reste. C'est de la fantaisie, M. Lanfant.

N°s 273 et 274. — Dans la « *Montée de la Grande Chartreuse*, M. Langerock a voulu nous montrer le « diable battant sa femme » c'est-à-dire rendre un effet de pluie et de soleil. Il y a réussi.

Pour sa seconde toile, « l'*Intérieur de forêt* » dans la Creuse, je me contenterai de transcrire les notes confiées à mon carnet lors de ma visite au Salon ; « *Poésie, nature, silence, calme, fraîcheur* — *très-bien* » Voilà !

N°s 275, 76 et 77. — M. E. Lansyer, hors concours à Paris. Trois toiles savamment travaillées. On devine, dans la seconde surtout « *Entrée du village de Donville (Manche)* » que l'artiste a reçu des leçons du grand maître Courbet. « La « *Marée montante* » est solidement brossée.

N° 281. — « *Entrée de la forêt de Fontainebleau* » Mme Lavieille a fait là un excellent paysage et sa main mignonne manie puissamment le pinceau. Les patriarches de la forêt, ces arbres robustes qui dressent leurs cimes vers le ciel et semblent défier la foudre, sont robustement peints. Très-bonne toile, mais je n'aime guère les animaux dont elle est agrémentée.

N°⁵ 283, 84 et 85. — Encore une femme. Le sexe auquel nous devons Rosa Bonheur et Sarah Bernhardt travaille beaucoup depuis quelque temps et ce n'est pas moi qui lui en ferai un reproche. J'estime même que la finesse de conception et la délicatesse de main d'une femme la rendent plus propre que l'artiste mâle à traiter certains genres et certains sujets. « *L'Anse des Kourigans* » de Mme Élodie de la Villette, est très-sérieusement exécutée. C'est de la peinture large et franche. La *Marée basse* est plus légèrement enlevée, ce dont je ne lui fais pas un crime, bien au contraire. J'aime assez ces tableaux lestement troussés où l'on sent le vrai *photographié* pour ainsi dire et qui, tout en paraissant de simples études, donnent bien mieux que d'autres plus patiemment « fignolés » l'impression ambiante.

N°⁵ 289, 90 et 91. — Re-encore une femme. Les « *Oignons Verts* » de Mlle Lecomte manquent peut-être de poésie mais non de vérité. Le « *Printemps* » et le « *Coin d'étang* » méritent d'être signalés pour leurs qualités — un peu plus nombreuses que leurs défauts.

Nᵒˢ 300 et 301. — Deux « *marines* » de M. Le Pic dont celle intitulée « *Brouillard* » est de beaucoup la mieux réussie. Le ciel gris et la mer grise ne semblent faire qu'un, fondus qu'ils sont par un brouillard.... gris, naturellement. Sur la vague clapottante, une chaloupe..., grise aussi ; autour d'elle, le vide ou plutôt la brume qui l'isole. Facture sobre, impression forte.

Nᵒˢ 302, 3 et 4. — M. Lépine est élève de Corot. Qu'il s'en souvienne.

Nᵒ 329. — M. Matifas, l'auteur de « *Maison solitaire* » montre de sérieuses dispositions. Qu'il travaille !

Nᵒˢ 331 et 32. — Je n'ai pu trouver « *La leçon de musique* » de Mlle Mercier, mais j'ai vu « *l'Attente* ». C'est calme et doux, calme d'idée et doux d'exécution. La jeune femme que nous montre Mlle Mercier attend avec une patience angélique, si angélique même que s'*il* ne venait point, elle ne s'en apercevrait guère.

Nᵒ 333. — Voici M. Mettling et sa « *Cuisinière* ». Le livret affirme que cet excellent artiste est élève de Cabanel. J'aurais parié pour Vollon.

Nᵒˢ 334 et 35. — Il y a une grande science du nu dans le joli « *Bébé* » de M. Meyer. Son tableau « *Après la séance* » est gentiment et délicatement peint. Tandis que le modèle (féminin) se rhabille, l'artiste, — un peu trop correct pour une scène d'atelier — lui fait galamment quelque grivoise observation. Honni soit qui mal y voit.

Nᵒ 337. — Un émail bien délicat que la « *Jeune femme endormie* » de Mlle Moët de Crèvecœur. C'est délicieusement fin.

Nᵒ 338. — M. Monet, un impressionniste, a mis de

l'eau dans son vin, c'est-à-dire de la raison dans sa fantaisie. Sa « *Femme sur un divan* » est une œuvre de mérite. Les étoffes sont vraies, l'agencement général bien trouvé, mais la tonalité est un peu trop sombre et les ombres trop accusées.

N° 339. — « *L'Enfant de chœur* » vêtu de rouge de M. Monginot me plaît beaucoup, beaucoup, et comme composition et comme couleur. C'est une des meilleures toiles du Salon.

Nos 344 et 45. — M. Moynier a consciencieusement profité des leçons et des conseils de ses maîtres, MM. Ribot et Butin, mais l'influence de ce dernier domine et pour les tableaux du genre de ceux que M. Moynier a envoyés à notre Exposition, il fallait qu'il en fût ainsi. La *Seine à Mesnil-le-Roy* et les *Falaises de Villerville*, font mieux qu'indiquer de très-bonnes dispositions, elles annoncent dans certains détails l'éclosion prochaine d'un sérieux talent.

Nos 355 et 56. — M. Nozal. « *L'allée du Parc de St-Cloud* » et les « *Chênes à Brenne (Berri)* » sont des œuvres dignes d'arrêter l'attention des connaisseurs, la seconde surtout. M. Nozal a fortement rendu la grâce et la majesté de ces pilastres de verdure dont le fabuliste a dit que leur « tête au ciel était voisine » et que « leurs pieds touchaient à l'empire des morts ».

La robustesse pittoresque de cette large composition est soulignée par un coloris à la fois plein de chaleur et de vérité. Ce beau tableau a été acquis pour le Musée.

N° 358. — Le « *Coin de Cuisine* » est bien dessiné, mais la couleur en est froide. M. Olivetti n'a pas encore trouvé le rayon qui donne la vie — pour ainsi dire — aux natures mortes. Le « clou » manque. Mais pour n'être pas complet, le talent de cet artiste n'en est pas moins réel. Il arrivera à faire excellent ; c'est, du moins, ma conviction.

N° 359. — Au milieu d'un atelier encombré des bibelots, armures, plâtres et étoffes classiques, le modèle (une jeune femme en costume alsacien) profite d'un instant de repos pour ouvrir un livre. Les détails de ce tableau de M. Papst sont fort soignés, la composition en est bonne et la couleur agréable.

N° 360. — D'une touche très-fine le « Boulevard de la Madeleine » de M. Papeleu ; chacun de ses personnages est une miniature. Peinture pleine de charme et de distinction, mais sans relief.

N° 361. — « le loup et le chien ». Un valet gras un bohême maigre. M. Peck a eu là une idée fort spirituelle, mais la couleur est un peu sèche et la peinture un peu plate.

N°s 368, 69 et 70. — Les « Fruits » de M. Pierdon sont beaux et la « Tranquillité » tranquillement peinte. La « Mare », par exemple, me semble une œuvre de choix. Je l'avais déjà remarquée au Salon de Paris et je n'hésite pas à la classer sinon au premier rang, au moins parmi les paysages les mieux réussis de l'Exposition.

N° 376. — Une autre mare, celle de « la Grand-Noue » à Montfermeil. Paysage pittoresquement rendu. L'eau est absolument vraie. M. Pozier a fait là une excellente chose.

N° 380. — « Les fleurs de la petite Annette » par M. Quost. Toile trop grande pour le sujet. Le dessin a du mérite, mais le coloris est trop pâle.

N° 383. — M. Ribot fils expose des « Huîtres ». Le vase de métal est fort bien exécuté, mais pourquoi les huîtres sont-elles aussi en métal ? Tout est orfèvrerie dans ce tableau — qui d'ailleurs est bien dessiné.

N° 384. — N'approchez pas surtout ! La « *Descente de croix* » du maître Ribot est enlevée à pleine brosse ; sans souci des détails, le grand artiste a voulu rendre l'impression générale, et il y a réussi... comme toujours. Ah ! ce n'est pas moi qui reprocherai à M. Ribot sa facture endiablée. Tudieu ! quelle griffe !!

N° 385. — Dans le « *Chemin du village* » de M. Richet, une œuvre traitée avec goût, je remarque surtout le bien-fondu des lointains.

N° 387. — On a plaisir à regarder la « *Petite musicienne* » de M. Richomme. C'est léger et exquis.

N°s 390 et 91. — J'en dirai autant de « *Fleurs et Fruits* » (aquarelle) de M. Rivoire qui expose de plus un ravissant tableau de fleurs que la Commission a eu l'excellente idée d'acheter pour la loterie. J'envie la chance du gagnant.

N° 394. — « *Le Puits Saint-Louis à Anzin.* » Je retrouve bien dans cette toile sombre tout le talent de M. Roll, mais le sujet est terriblement ingrat.

N° 397. — Un peu bien vert, le « *Paysage* » de M. Rozier, et cela est fâcheux car sous d'autres rapports il possède des qualités indéniables.

N° 398. — Il y a deux ans, M. Paul Sain obtenait, je crois, le prix d'Attainville. Je me souviens parfaitement de son tableau de concours exposé aux Beaux-Arts et je constate avec le plus vif plaisir que le talent de M. Sain tient ses promesses. Sa « *Plaine à Barbizon* » le démontre nettement.

N° 413. — « *La Rue de Sèvres* » est d'une fantaisie exagérée. Passons.

N° 417. — C'est un buste en plâtre fait d'après un portrait, ce qui rend beaucoup plus grand le mérite de l'exécution. J'ai vu le portrait de M. Lemerchier, ancien maire d'Amiens, dans la salle d'administration de la mairie de cette ville et je trouve la ressemblance bien saisie. M. Tattegrain est un artiste habile, savant et consciencieux.

N°° 421 et 22. — Voici deux petites toiles qui, dans leur modestie, valent beaucoup mieux que bien d'autres plus tapageuses. Ce sont les deux « *Attelages flamands* » de M. Van den Eycken, de Bruxelles. J'ai habité quelque temps la capitale de la Belgique, savez-vous ? et chaque matin, en me rendant à mon journal, je rencontrais de par la ville, ces petites voitures attelées de chiens à l'aide desquelles les laitières brabançonnes exercent leur commerce ambulant. Mais pourquoi donc un « salonnier » de mes confrères a-t-il écrit que ces attelages étaient des « *chèvres* »? Il ajoute, il est vrai, que l'attitude de *ces* animaux est *parfaitement observée* : mais il aurait bien dû lui-même observer plus soigneusement ces mêmes animaux. Se méfier confrère, des critiques faites de *chic*. Très-correctes en fin de compte, ces deux toiles minuscules.

N°° 424, 25 et 26. — Complimentons en passant Mlle de Vaux-Bidon sur la fine exécution de ses deux porcelaines et de son émail orgravé. Talent gracieux.

N° 439. — Il ne faut pas plus s'approcher des toiles de Vollon que de celles de Ribot. Pourquoi d'ailleurs vouloir chercher la « ficelle » employée par l'artiste alors que l'impression rendue est strictement juste ? Un pot blanc et des radis roses. Le pot est là pour opposer sa note à celle des radis. C'est simple comme rien et c'est beau comme tout.

III

ŒUVRES NON CATALOGUÉES

J'arrive aux quelques œuvres non catloguées parmi lesquelles je citerai tout d'abord le « *Louis XVII au Temple* » de M. Scherrer, une immense toile dont le sujet, je l'avoue, me déplait souverainement, si l'exécution m'en paraît tout à fait remarquable. Les divers Loriquets qui ont audacieusement corrigé l'histoire pour les besoins de la triste cause monarchique, ont inventé cette absurde légende. Le verre de vin du cordonnier Simon est le digne pendant du verre de sang de Mlle de Sombreuil. Mais je n'ai pas à relever ici les erreurs historiques voulues des écrivains royalistes et je m'excuse auprès de mes lecteurs pour cette digression.

Voyons donc, sans parti-pris, l'œuvre de M. Scherrer.

Dans la chambre qui lui sert d'atelier, le cordonnier Simon vêtu de la carmagnole et coiffé du bonnet rouge est assis à une table. La pose est très naturelle. Devant son « *persécuteur* » (style réactionnaire) le jeune Capet, costumé de noir, se tient roide et digne ainsi qu'il convient à un gamin royal descendant (?) de Saint Louis. Au second plan, des soldats républicains assistent debout à la scène. Près de la porte, une mégère (toujours style réactionnaire) cause avec l'un d'eux. La tête de cette bonne femme, disons-le en passant, est admirable de vie; elle est, sans contredit, la mieux traitée de toutes. Je ne veux point chicaner M. Scherrer sur la hideur de certains de ses types; étant donné son sujet il devait faire ainsi. Les costumes sont rigoureusement exacts, la diversité des plans mathématiquement indiquée, le groupement des personnages intelligemment entendu, le dessin très-savant et la couleur presque partout impeccable. Au résumé, le « Louis XVII » est une œuvre d'un mérite que je qualifierais presque de transcendant si l'extrême jeunesse de l'artiste ne me faisait un devoir de lui épargner la louange exagérée. Mais souvenez-vous de son nom, lecteurs, et plus tard, bientôt, l'avenir dira si je me suis trompé en affirmant, en 1880, que M. Scherrer deviendrait un grand et puissant artiste. Je souhaite seulement qu'il choisisse mieux ses sujets.

M. Hustin qui, entre parenthèses, est un littérateur distingué et un critique d'art très-compétent, expose un « *Sous bois* » d'une fraîcheur ravissante et d'une délicieuse poésie. J'aime beaucoup les « *Sous bois* » quand, comme celui-ci, ils me donnent l'impression vraie du silence, de l'ombre et de la lumière.

Notre compatriote M. Blondel dont le talent est assez connu pour que j'évite d'avoir l'air de le découvrir, expose un très-beau médaillon (terre cuite) qui est le portrait, fort ressemblant, du sympathique président de l'Ermitage, M. Turbeaux, architecte. C'est largement fait ; la puissance du relief donne à cette œuvre une intensité de vie surprenante. Mes sincères compliments.

J'indiquerai encore le « *Maure* » de Mlle Beaury-Sorrel, qui est une peinture franche et pleine de brio et la « *Nature morte* » de M. St-James qui est frappante de vérité.

J'ai oublié bien des toiles dignes d'être signalées,

mais la rapidité de cette étude fait mon excuse. Il me serait pénible pourtant de clore cette série d'articles sans indiquer — au moins au courant de la plume — les noms des auteurs de certaines œuvres qui valent celles sur lesquelles je me suis étendu, et que le manque de temps et le défaut d'espace m'ont seuls empêché de citer. Telles sont celles de MM. Accard, Appian, Aquila, Barillot, Bayli, Berthelon, Berton, Beul, Biva, Brielman, Brion, Calvès, Cesbron, Chaillou, Chigot, Dantan, Defaux, Deully, Ethofer, Faure-Beaulieu, Fréville, Froment, Gassowski, Guérard, Guillon, Hayon, Huteau, Landelle, Lépine, Mascart, Moulinet, Moullion, Pécrus, Pédron, Plassan, Renouf, Serres, Smith, Tchournakoff, Valton, Van der Syp, Zuber et celles de Mmes Ballue-Génevay, Bourges, Caille, Charles, Chevalier, Chevarrier, Doux, Dumesnil, Frémont, Landré, Noble-Pijeaud, Petit, Renard, Stolk, Videcoq, Viger et Villers-Grandchamps.

IV

CONCLUSION

Qui donc disait que l'Art français entrait dans la période de décadence ?

Il y a quelques années (c'était à la fin de l'Empire) je publiai un sonnet sans prétention qui me semble venir à sa place à la fin de cette étude.

Le voici :

Notre siècle est pourri ; de tout il fait litière ;
L'*Art*, que nous blasphémons, s'envole et son essor
L'emporte loin de nous. Parmi les astres d'or
Il a fui, maudissant notre siècle-matière.

C'est l'ère du Ridiz, l'âge de carton-pierre!
On chasse les gros sous ! Entendez-vous le cor ?
Tayaut ! Tayaut ! Tayaut !
                            Pourtant il est encor
Des artistes vaillants à l'âme libre et fière,

Des croyants cultivant l'Art dans un sol divin ;
Peintres, musiciens ou poètes. — En vain
Le démon de l'argent les insulte et ricane !

Emportés sur leur char aux flamboyants essieux
Sous sa roue écrasant la bêtise profane,
Ils vont, l'œil plein d'éclairs et le front dans les cieux !

Si malgré l'atrophie des consciences et la corruption des temps j'avais confiance alors, cette confiance n'a pu que grandir et je salue aujourd'hui avec le même enthousiasme les maitres dont le talent génial met au front de l'Art français la couronne triomphale et les vaillants élèves, jeunes femmes et jeunes hommes, qui appartiennent à cette magnifique génération artistique que nos yeux émerveillés voient se lever sur la France comme un radieux soleil.

               Louis ALBIN.

Et maintenant il ne me reste plus qu'à féliciter chaleureusement pour leur patriotique et intelligente initiative et pour leur dévouement aux intérêts de l'Art français en général et de l'Art local en particulier, les honorables fondateurs de la *Société des Amis des Arts*, ainsi que les commissaires, les jurés, les membres titulaires et toutes les personnes qui, d'une façon ou d'une autre, coopèrent à cette œuvre de décentralisation artistique. Si toutes les villes importantes suivaient l'exemple de Saint-Quentin et créaient dans leur sein des sociétés semblables, nous verrions le niveau de l'Art s'élever bientôt, et tels talents réels qui s'étiolent faute d'un peu de lumière, s'épanouiraient glorieusement pour le plus grand bien de l'artiste et le plus grand honneur de la cité, de la patrie et de cette admirable école française déjà si féconde en chefs-d'œuvre.

Que la *Société des Amis des Arts* veuille donc bien accepter et mes félicitations sincères et l'assurance de ma plus vive sympathie.

Louis ALBIN.

www.ingramcontent.com/pod-product-compliance
Lightning Source LLC
Chambersburg PA
CBHW060938050426
42453CB00009B/1071